AF509264

Les
Caves Gauloises

(Ancienne Seigneurie de Miscouard)

GUIDE

des Anciennes Demeures Souterraines
avec Plan visuel et Vues

CHARTRES

Imprimerie des Établissements TROCHARD & Cie

1928

Aux

Caves Gauloises

M. André FOLTIER, Propriétaire

La plus agréable promenade des environs de Chartres est certainement la vallée de l'Eure, vers Lèves.

Après avoir pénétré sous la voûte de verdure que forment les hauts peupliers qui bordent le chemin des Grands-Prés, traversé sur des ponts rustiques les Grands-Fossés, longé la rivière d'Eure, on pénètre dans le bourg de Lèves. Rien de bien remarquable ne vient attirer l'attention, on passe devant l'Eglise Saint-Lazarre et le groupe scolaire et l'on s'arrête au croisement de la route de Paris, toujours encombrée d'autos.

En tournant immédiatement à droite, des bâtiments importants signalent la présence de l'Asile d'Aligre pour la vieillesse et l'enfance.

Cet établissement construit sur les dépendances de l'ancien monastère de Josaphat, conserve encore quelques vestiges du passé. Sous le cloître longeant la route, un musée lapidaire groupe les pierres provenant de la démolition de l'Eglise Notre-Dame de Josaphat.

De cette superbe église, il ne reste que les bases des piliers et des pans de muraille, ruines cependant suffisantes pour se faire une idée de l'importance de l'édifice. A l'extrémité du transept gauche se trouve la chapelle Notre-Dame, on y accède par une porte pratiquée dans le bâtiment occupé par l'Econome de l'Asile.

Cette chapelle est curieuse par l'emplacement de son autel, qui est élevé au-dessus de la fontaine N.-D. dont les eaux courantes et limpides avaient le don de guérir les « fièvres de poitrine ». Elle recèle un des plus beaux spécimens du XIIe siècle, c'est le tombeau de Jean de Salisbury, Evêque de Chartres, inhumé en ce lieu en 1192, cette œuvre d'art fait maintenant partie de la collection des Beaux-Arts. Une copie figure au Musée du Trocadéro, elle a été exécutée par le célèbre sculpteur Lancereaux.

Lèves (Eure-et-Loir) — Les Caves Gauloises
L'Entrée du Restaurant

En sortant de l'Asile, reprenons le chemin de Lèves à Saint-Prest.

Après quelques pas parcourus, notre regard s'arrête sur une pancarte en forme d'arc, où nous lisons en gros caractères : " Aux Caves Gauloises ".

Pourquoi les " Caves Gauloises " ? Parce qu'elles existent depuis les temps les plus reculés de l'histoire du pays chartrain.

Nous entrons, c'est dimanche, une grande animation règne dans l'établissement ; à gauche, les salles de restaurant, la buvette et le dancing ; au fond, balançoires, tir à la cible etc. ; à droite une longue rangée de tonnelles, dont la verdure qui les recouvre produit le plus agréable effet.

L'une d'elles est occupée par un orchestre symphonique qui n'a rien de commun avec la musique nègre. C'est de la musique vraiment française. Nous nous installons sous une tonnelle voisine, déjà occupée en partie par une famille qui goûte sous l'ombrage la joie du repos tout en savourant de la bière dont la fraîcheur dépose sur les verres une légère buée et paraît donner au gosier une réelle jouissance. Sous d'autres tonnelles des rires éclatent, la jeunesse exubérante s'en donne à cœur joie, pendant que les parents dégustent la charcuterie et le bon vin.

C'est bien le coin rêvé, de la verdure, des fleurs, de la musique, de la jeunesse, de la joie partout, indispensable palliatif des dures journées de la semaine écoulée, semence de courage pour les jours à venir.

Ce n'est cependant pas par hasard que nous sommes venus ici, car dans ce cadre plein de la vie actuelle, existe la trace du passé.

Dans les caves, dont l'entrée est cachée par les constructions récentes, les siècles y ont marqué leur empreinte.

Suivons M. André Foltier, le propriétaire actuel de ce vaste domaine.

Il nous apprendra déjà un coin d'histoire locale ; il nous dira que l'endroit où nous sommes, était au pied du fameux Monceau de Lèves (Mons. Leugarum) qui fut le théâtre d'un exploit militaire exceptionnel, relaté du reste par tous les chroniqueurs contemporains :

« C'était vers 911, Chartres était assiégée par le fameux Rollon, avec une nombreuse armée de Normands et de Danois.

« L'Evêque d'alors avait appelé à son secours les Seigneurs voisins : Robert, comte de Paris ; Richard, duc de Bourgogne et Elbe, comte de Poitiers.

« Le combat fut acharné, il resta 6.800 morts, sans compter les noyés.

« La victoire semblait assurée à Rollon, quand l'Evêque de Chartres, par une inspiration divine, fit arborer comme drapeau le voile de la Sainte-Vierge, conservé pieusement à la cathédrale de Chartres.

« Les Normands et leurs alliés, effrayés à la vue de ce labarum, prirent la fuite dans le plus grand désordre. L'armée de Rollon fut divisée en deux tronçons : le premier en partie composé de Normands, s'arrêta aux Veaux-Roux et le second,

Lèves (Eure-et-Loir) — Les Caves Gauloises
La Marnière

composé de Danois, vint se retrancher sur la montagne de Lèves (Mons. Leugarum). Avec les pieux pris aux Chartrains, ils élevèrent des palissades qu'ils recouvrirent de peaux de bêtes dont la puanteur devait éloigner les assaillants.

« Elbe, comte de Poitiers, essaya de déloger les barbares, mais n'y parvint pas, il dût avoir recours aux bons offices du duc Richard.

« A ce moment, les Danois qui composaient en partie ce camp retranché, comprirent qu'ils ne pouvaient longtemps résister.

« Ils imaginèrent le stratagème suivant : l'un d'eux, un nommé Frison, réunit trois des principaux guerriers et les fit sonner fortement de la trompette, ce qui jeta le trouble parmi les Chartrains, qui se concentrèrent croyant à une attaque, mais les Danois ainsi dégagés descendirent le côteau et s'enfuirent dans les barques qu'ils avaient laissées sur le bord de l'Eure. Honteux de cette défaite, ils ne revinrent jamais au pays chartrain. »

A l'emplacement qui nous occupe devait exister, vers 840, un couvent de vierges moniales dépendant du monastère de St-Père. Le dit monastère est cité en ces termes par le moine Paul (Voir cartulaire de St-Père, page 10) : « Non loin de la ville de Chartres existait un couvent de religieuses, élégamment situé sur le Mont de Lèves, ce monastère fut rasé jusqu'au sol par la main des barbares et réduit en cendres. »

Il n'apparaît pas que le domaine de Miscouard, qui appartenait au seigneur de Lèves, fut compris dans la donation faite en 1117 aux Bénédictins de

Josaphat, car il n'existe au cartulaire dudit, aucune trace de cette cession. Au contraire, nous verrons plus loin que Miscouard était une petite seigneurie vassale du seigneur de Lèves.

Le seigneur tirait son revenu du produit de son vignoble et la vente de la marne. Cette extraction date de la plus haute antiquité. Les Gaulois, au fur et à mesure qu'ils défrichèrent la forêt des Carnutes, durent mélanger du calcaire au sol argileux des nouveaux terrains de culture. C'est pourquoi nous voyons d'un bout à l'autre de la vallée de l'Eure, ces carrières dont certaines ont l'importance de petits villages.

Depuis l'invasion des Normands jusqu'en 1357, rien de bien intéressant ne vint troubler la paix de Miscouard.

Mais pourquoi cette installation souterraine ? Pourquoi ces grilles en fer défendant les entrées ? Il n'est pas difficile de répondre à cette question :

En 1357, les Anglais détruisirent les châteaux sur leur passage ; en 1358, ils vinrent saccager le monastère de Josaphat (voir notice des ruines de l'abbaye de Josaphat, par E. Jacquet) et tous les édifices des alentours.

Les seigneurs, ruinés et terrifiés — quand ils n'étaient pas tués — furent forcés d'aliéner leurs domaines.

Par acte du 27 juin 1365, le chapitre acheta le château de Lèves avec tous ses droits et privilèges. Toutes les petites seigneuries, du Bois-de-Lèves, de la Grappe, de Miscouard et de Coulans qui en dépendaient, furent comprises dans cet achat.

Ici se place un point d'interrogation : les murailles des caves sont-elles du XIVe siècle ou antérieures ? Laissons les personnes qualifiées pour cet examen et contentons-nous de dire qu'après l'achat de Miscouard, le chapitre de Chartres y installa une prestrière, le prêtre avait pour mission de diriger le vignoble qui recouvrait une partie du domaine. Les ouvriers qui pendant la belle saison travaillaient à la vigne, trouvaient l'hiver un emploi facile par l'extraction de la marne. Le prêtre prieur faisait alors office de comptable.

Mais pendant les cent années que dura la guerre avec les Anglais, il ne fut pas possible d'édifier de constructions importantes au-dessus du sol, de peur de nouvelles destructions. C'est pour cette raison que de véritables habitations furent aménagées dans les carrières bordant l'Eure.

En ce qui concerne Miscouard, les moyens du chapitre permirent d'exécuter des travaux qui, sans apporter tout le confort voulu, avaient pour but de donner un peu d'hygiène au reclus.

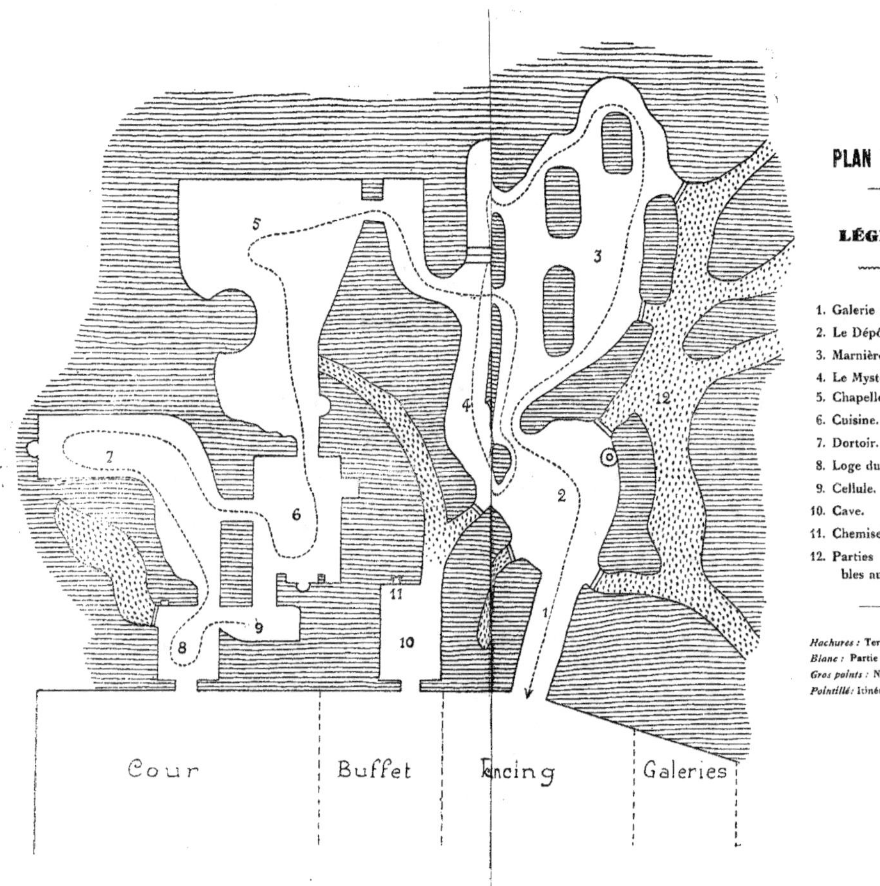

PLAN VISUEL
LÉGENDE
1. Galerie du puits.
2. Le Dépôt.
3. Marnières.
4. Le Mystère.
5. Chapelle.
6. Cuisine.
7. Dortoir.
8. Loge du prieur.
9. Cellule.
10. Cave.
11. Chemisette de N. D.
12. Parties non accessibles au public.
Hachures : Terrain naturel.
Blanc : Partie visitée.
Gros points : Non accessible.
Pointillé : Itinéraire du parcours
Cour
Buffet
Encing
Galeries

En 1568, le prêtre de Miscouard dut donner asile aux religieux de Josaphat dont le monastère fut occupé par les huguenots qui y établirent leur quartier. Ces religieux, dont le monastère avait été précédemment détruit par un incendie, étaient au nombre d'une quinzaine.

En 1591, Henri IV malade se fit transporter à l abbaye, et désespéré de ne pouvoir s'emparer de Chartres, donna l'ordre de tout saccager, et c'est ainsi que les protestants, après avoir emporté une partie des richesses de l'abbaye, laissèrent sur le sol les débris de statues mutilées que nous retrouvons au Musée lapidaire de Josaphat.

Exilés de leur monastère, mais vivant de la pensée d'y revenir, les religieux n'abandonnèrent pas leur église, car en 1629 une procession, où figurait le voile de la Vierge, s'y transporta en grande pompe.

Malheureusement, petit à petit, l'âge eut raison des pauvres Bénédictins et quand, en 1642, l'abbé Henri de Rothelin reconstruisit le monastère, ce fut pour y loger des religieux de la congrégation de Saint-Maur. Au moment de la Révolution, le dernier prêtre de Miscouard dut quitter pour toujours son triste logis, car le domaine fut vendu comme bien national pour la somme de 4.590 francs.

Le domaine de Miscouard, après avoir passé en de multiples mains, est aujourd'hui la propriété de M. André Foltier.

Suivons le nouveau propriétaire dans ces antres qui servirent pendant si longtemps de demeure aux religieux, et transportons notre pensée à cette époque de persécution. Tout y porte encore l'empreinte du passage des êtres humains, se vouant à la prière et au renoncement du monde.

Les prédécesseurs de M. Foltier avaient, dans un but commercial, brodé une histoire — du reste purement fantaisiste — attribué à ces souterrains des faits que rien ne justifie, et donné des noms qui remplissent d'épouvante, mais qui faisaient rire les personnes instruites du passé.

M. Foltier a voulu rétablir la vérité, ne rien altérer de l'histoire telle qu'elle est contenue dans les archives du pays chartrain.

Pénétrons donc avec lui dans la galerie du puits dont l'entrée se trouve dans le dancing.

Ce couloir, sur une assez grande longueur, est voûté en maçonnerie, il servait surtout pour la sortie des matériaux et l'accès au puits qui se trouve au fond (un autre de plus grande dimension existe dans une galerie non accessible au public).

Au bout du couloir se trouve la pièce appelée
« Le Dépôt ». C'est en cet endroit que viennent
converger toutes les galeries des marnières, et
dans cet emplacement on mettait en dépôt la
marne quand le temps ne permettait pas de la
sortir dehors.

Lèves (Eure-et-Loir) — Les Caves Gauloises
Entrée des Demeures souterraines

Nous prenons une galerie à droite et nous voici
dans la marnière, salle immense supportée par
des piliers et dont un banc de pierre forme la
voûte.

Ce ne sont pas des grottes à proprement parler, la nature n'est pour rien dans cette grande excavation souterraine. C'est la main de l'homme, son courage, sa persévérance qui ont fait cette chose grandiose. Il est probable qu'une grande partie de ces travaux a été faite pendant le séjour des moines qui trouvaient de ce fait le moyen d'indemniser celui qui leur donnait l'hospitalité, car à cette époque les religieux étaient complètement dénués de tout.

Après avoir descendu quelques marches, nous arrivons dans la galerie du « Mystère ». Cette pièce ainsi appelée à cause des constructions qui y ont été élevées et dont on n'a pu trouver l'utilité ; c'est ainsi qu'une voûte élevée à environ un mètre du sol, semble supporter une pierre d'autel, un peu plus loin, à environ 1^m,50 du sol, une ouverture dont chaque côté est fait de jolies colonnes rondes en pierres de taille. On se demande à quoi pouvait servir cette ouverture pratiquée avec tant d'élégance.

Nous voici revenus à la salle du « Dépôt », nous reprenons à notre gauche, contournons le vaste pilier mystérieux et nous entrons dans un réduit qui rappelle le péristyle des églises anciennes. Une muraille d'environ un mètre d'épaisseur, percée d'une ouverture voûtée, fermée autrefois à l'aide d'une porte très épaisse, sépare ledit réduit de la chapelle ou salle de réunion.

Toutes les pièces où nous allons pénétrer sont murées et en partie voûtées, la maçonnerie est encore très dure, elle n'est pas humide, l'air y est très respirable grâce aux cheminées d'aération pratiquées de place en place.

La pièce où nous nous trouvons semble avoir subi de nombreuses modifications. Actuellement tout ce qui pouvait révéler l'exercice du culte a été enlevé, sauf toutefois une niche pratiquée dans la muraille de côté et dont une vieille statue de Vierge n'a été enlevée que depuis peu d'années. Le Maître-Autel devait se trouver en face la porte d'entrée du réduit.

Tout à fait à gauche, en regardant la niche, un énorme pilier cylindrique a dû être édifié pour soulager la voûte trop large à cet endroit. De la chapelle nous entrons dans une pièce rectangulaire qui servait à la fois de cuisine et de réfectoire. Sauf les côtés de la cheminée, qui sont de construction relativement récente, tout indique sa destination primitive.

Un œillard placé au centre de la cheminée conduisait la fumée au-dessus du plateau, à gauche, un espèce de placard d'un mètre carré environ, avait dû recevoir une forte fermeture, si on en juge par les gonds qui s'y trouvent encore dans les larges feuillures, mais le pauvre prieur n'est plus là pour dire à quoi pouvait servir cet endroit si bien protégé.

A la voûte sont fixés d'énormes crochets devant supporter une pièce de bois, sur laquelle devaient être accrochées les denrées périssables, surtout celles devant être protégées de l'humidité.

Tout au milieu de la voûte, une cheminée d'aération permettant à la lumière solaire d'éclairer un peu le milieu de la pièce.

Par une porte pratiquée sur le côté gauche, nous pénétrons dans une autre galerie qui nous conduit au dortoire des moines. C'est une pièce assez grossièrement voûtée, mais la maçonnerie en est très solide et exempte d'humidité, au fond, du reste, se trouve une cheminée d'aération.

Après avoir fait le tour de cette chambre à coucher peu confortable, nous entrons dans la loge du prieur, elle n'est guère spacieuse, cette pièce, mais elle est très éclairée ; il y avait autretfois une porte vitrée et grillagée, du reste toutes les ouvertures devaient être pourvues de grilles, il en existe encore des spécimens dans un coin de cave.

C'est dans ce petit coin que devait se tenir la plupart du temps le prêtre-prieur, il pouvait se passer de feu l'hiver et être à l'abri du brûlant soleil d'été. Dans un petit renfoncement, près de la porte de la galerie, il est facile d'y transporter

Lèves (Eure-et-Loir) — Les Caves Gauloises
Galerie du Mystère

les objets qui avaient pour habitude d'y figurer. D'abord le carnet des comptes de marnes et de vin, les dépenses personnelles, etc., car il devait rendre compte de sa gestion au Chapitre de la Cathédrale de Chartres. Sur une petite planchette au-dessus, les livres de piété et enfin, sur la pierre surmontant le tout, les oribus, briquet et amadou permettant l'éclairage des souterrains. Au-dessus de la porte, un trou s'en allant dans la galerie semble avoir été pratiqué pour introduire l'air quand par les périodes de menaces il fallait condamner les œillards.

A gauche de cette pièce, un couloir mesurant 3 mètres de long sur 1^m,5o de large, servait de cellule au prêtre ; une porte, actuellement bouchée, lui permettait de passer directement dans la cuisine.

Un frisson nous passe sur le dos en contemplant cette chambre à coucher qui rappelle assez bien par ses dimensions les cellules des Trappistes, mais qui pour nous est trop dépourvue de confortable. Dire que des êtres humains ont dû se contenter de ces abris, ne demandant rien à la société, se contentant d'une maigre nourriture, ne faisant de mal à personne, vivant surtout d'Idéal suprême, espérant en une vie meilleure ; l'espérance est une rude force.

Cette petite réflexion nous permet de mieux apprécier le bien-être dans lequel nous vivons actuellement et quand en sortant de ces souterrains ténébreux nous voyons la belle lumière du

soleil éclairant la verdure, respirons l'air em-
baumé, écoutons les sons harmonieux de l'orchestre et entendons les rires joyeux, notre rêve du
passé a vécu.

M. Foltier cependant nous arrête, il veut nous
faire visiter une cave où il met son vin. A côté
d'un casier, dans une pierre de taille encastrée
dans la muraille du fond, est gravée la petite chemisette de N. D. Le chapitre a voulu marquer de
son sceau cette demeure, comme pour en perpé-
tuer le souvenir et éviter la profanation de ces
lieux qui furent si longtemps consacrés au travail
et à la prière. C'est cette pensée qui a guidé M.
Foltier en conservant intact cette habitation sou
terraine.

Notre visite est terminée, nous sommes enchan-
tés d'avoir parcouru toutes les méandres des galeries souterraines et constaté combien il a fallu
de temps, depuis le premier coup de pic, pour
arriver à arracher du sol les matériaux contenus
dans ce village souterrain. Nous prenons congé
de M. Foltier, jetons un coup d'œil à la belle fontaine de Miscouard et, à cet instant, me sont revenus à la pensée, les jolis vers du jeune Alfred
Lefournier, dont j'en extrait cette ligne de son
livre *Fleur de Mai* :

Lorsque nous revenons des gais vallons de Lèves.

Comme l'ancien poète enthousiasmé de sa promenade dans ces charmants vallons de Lèves, je pensais qu'il fallait que chacun puisse dire :

« J'ai visité les " Caves Gauloises ", je m'y suis instruit, je m'y suis reposé, je m'y suis désaltéré. »

E. J.

www.ingramcontent.com/pod-product-compliance
Lightning Source LLC
LaVergne TN
LVHW012128170726
843501LV00008BC/3071